만인시인선·78

구름의 박물관

남금희 시집

구름의 박물관

만인사

시인의 말

코로나19
사실에 가려진 진실
배반의 장미

나를 파괴하고 나를 위로하는

울부짖는 침묵에
당신의 사랑에
찢겼다

차 례

차 례

2

차 례

3

4

1

편지

바닷가 느린 우체통 앞에 서 있습니다

일 년 후 배달된다는 안내문
그 약속 변하지 말라고
몸으로 해풍을 막아섭니다

주소지 없는 편지를 천천히 접습니다

파도가 부려놓은 물거품들
모래톱 쓸며 흩어지는데

저녁 무렵
눈 먼 별 하나 떠오릅니다

구름의 박물관

사직서를 내자
달아나던 시간들이 열없이 멈춰 선다
짐을 꾸리며
가장 크고 무거운 짐 덩어리는
유에스비 안에 옮겨 담는다

십 수 년의 기록이 사뿐히
방을 바꾼다
종이 한 장 없이

클릭하지 않으면 되살아나지 않을
유물들이 깔린
여기는 구름의 박물관
날마다 문 두드리며 씨름하던 몸이
식은 커피처럼 적막해지는 사이

구름 한 점 속에 또 다른 구름이
열리고 닫힌다

땅끝마을에서

바다 저편으로 해가 저문다

파도는 망망히 밀려나가고
포구의 집들 저들끼리
머리 맞대고 어두워진다

건너편 산언덕에
허리를 구부린 누군가
물을 길어 올리고 있다
큰 바위 얼굴 같다

물지게 진 등허리
희고 시린 뼈의 길 보인다

저녁별들 초롱 켜 들고
높이 올라간다

산정일기

너를 돌려보내고
갈참나무 굴참나무 졸참나무
빽빽한 산비탈
허공을 향해 중얼거린다
참이라고 하면 정말 참인 줄 알았다

바람은 꼭대기 까치집까지 죄 흔들어놓고
뒤엉겨 산 아랫마을로 내리달린다
낮달이 움찔, 위로 솟는다

저물기 전에 돌아가야 하는데
나무들 엎어질 듯 나를 붙든다
오갈 데 없는 낙엽들 밟혀
너덜너덜해진 길
새들은 허공을 치며 날아가고
바람은 다시 고일 것이다

조금씩 잠에서 깨어나는 별빛들

지구 밖에서 지구를 보는 우주인 같이
떨리는 발 내디디고 있다

여름비에 묻다

아픈 허공이었을까
창밖 화단의 장미송이들
비를 맞고 있다
비가 와도
한 닷새 오지 않는다면
네게 가지 않겠다고 마음먹는다

물꽃 튀는 아스팔트 위를
우산 받쳐 든 여인이 조심스레 걸어간다
비가 와도
진종일 오지 않으면
네게 전화하지 않겠다고 마음 고쳐먹는다

밧줄 끊어지듯 툭, 툭,
터지는 슬픔의 뿌리
눈 감고 올려다보는 하늘
너를 돌려세우는 안간힘으로 젖고

빗소리에 마음 켕기는 저녁
조금씩 발을 뻗는 나무들이 출렁거린다

월식

낡은 서랍장 밑에서
아버지 사진을 발견했다
딸 곁에서 함박웃음 짓는 젊은 아버지
돋보기를 끼고 오래 들여다본다

아무것도 모르면서
밤낮으로 뛰놀던 시절
보이지 않는 듯
환히 보이는 듯
딸 주위를 서성이던 아버지

어둠이 차올라
몸이 조금씩 기울어가는 동안
텅 빈 자리에 고이던 달빛
돌아보니
아버지가 몰래 밀어올리고 있었다

아버지 얼굴에 얼굴을 포갠다

줄장미 추신

강둑길 철조망을 비집고
줄장미가 피었다
핏덩이처럼 엉겨 주먹을 내밀고 있다

유리천장 같은
닿을 수 없는 거리였을까
그때 너를 놓친 적이 있다

철조망 울타리를 사이에 두고
강물이 흐르듯
너는 시간 저편으로 사라졌지만

오월이 오면
뭉텅이로 피어 바람을 타고 오르는 몸부림
너의 울음에 걸리던 낮달처럼
그때 네게 닿았어야 했다
찔려야 했다

가을장마

집을 자주 비우는 아내에게 삐쳐서
집을 나왔다
골목길 내려와 가게 앞 처마에 서자
비는 잦아든다
가방 멘 학생들이 수런수런 지나가고
마주 오는 아주머니 우산이
묵직한 시장 가방 쪽으로 기울어 있다
물 웅덩이 파인 아스팔트 위를
한 사내가 바짓가랑이 거머쥐고
허둥지둥 횡단한다
경적을 울리는 차에 물보라가 튄다

휴대폰 만지작거리며
누군가를 기다리는 것처럼
가로수 늘어선 길 끝을 바라본다
멀리서 보면 모든 게 풍경이다

어디를 돌아도 길은 이어지고

선뜩한 바람에 후드득
풀 죽은 비꽃들 떨어진다

바람의 길

—제주 통신

이쯤에서 돌아서자
너무 다그치지 말고
너무 많이 이해하지도 말고

울멍줄멍한 제주 돌담에 기대
너를 생각하는 시간
밭담과 산담 갯담들이 굽이져
숭숭, 바람의 길을 열고 있다

달빛은 돌이끼에 스며들고
삐죽이 고개 내민 잡초들
파도가 뱉어낸 물거품 탓일 게다

너와 나, 위태한 경계에도
바람의 갈기 잠재우는
설핏한 돌담 한 길 놓아두고 싶다

예감

엉큼하게도 가을이 온다
은행잎들 수상쩍게 만들고
하늘 궁창 파랗게 쳐올리더니
돌아서는 뒤태가 쌀쌀맞다

무거운 신발을 신고
지붕 위를 걸어다녔나
여윈 날개를 손질하는 늦깎이의 꿈
새떼처럼 흩어진다
헐렁, 기운이 빠진다

이놈의 가을
기 펴지 못하게 잡아야겠다
흐릿한 이내를 피우는
저 낭창한 함성 물리쳐야겠다
내가 멍들기 전에

가출

제 팔, 제 흔들 수 있다는 건 얼마나 과분한 일이냐

참새들이 전깃줄에 나란히 앉은 것처럼
병실 복도 끝 티비 앞에 휠체어들
쪼르르 도열해 있다
목은 티비 쪽으로 뻗어 있고
헐렁한 환자복 사이
다리는 막대기 같다
닫힌 공기를 뚫고 누군가 나타나면
고개들 일제히 그쪽을 향한다
숨어살다 들킨 사람처럼
뜨악한 표정이다

처음 가출해 한 곳에 사는 사람들
잠시 그러나 아직
지평선까지 가야 하는 밤은
얼마나 더디게 오는 것이냐
깃을 터는 새처럼 가벼워질
아침은 또 얼마나 머냐

황사

남편에게 타박 맞고
베란다에 쭈그려 앉아 창밖을 본다
보란 듯이 뛰쳐나가고 싶지만
갈 데도 없다

봄은 왜 흐벅지게 찾아와
네온사인 물결에 어른대는지
초저녁 나무들 쿨럭쿨럭 기침을 한다

내려다보이는 빈 둥지
먹이를 물어다 주던 어미새는
보이지 않는다
제 머리통보다 더 크게 쫘악
연붉은 주둥이 벌리던
새끼들 모두 떠났나보다

천리만리를 날아 내게 찾아온 모래 손님들
언뜻, 불빛에 몸 포개는 나무들 본다

눈

아들 후기졸업식 날
차에서 내려 두리번거리는데
기습 시위대를 만났다
맨주먹으로 구호를 외치는
선창은 여학생이 돋우고
들쭉날쭉한 팻말들이 끝말을 복창한다
살려 달라는 얘기다
살려 놔라는 얘기다
모래성 같이 허물어지지는 말자고
그들 곁을 얼쩡대며
살려 달라, 나도 속으로 부르짖었다
발을 헛디디며
두고 온 것들과 해야 할 것들 생각하는 사이
새 집 줄게 헌 집 다오,
되돌리고 싶은 나를
쳐다보는 커다란 눈을 보았다

송년

이만큼 살아봤다고
사랑은 짧고 인생은 길다고 고백하려는데
스승은 담백하게
사랑은 길고 예술도 그렇다고 말씀을 맺으신다
염화시중의 미소를 흉내내고
돌아오는 길
인생 협곡에는 핸들이 없다고 중얼거린다
문을 여닫고 자리를 옮겨 앉으며
택배 반송 사유를 변심이라고 적는다
아뜩한 사랑을 저울질해 보는
한 해가 또 간다
난 아직 멀었다

겨울이 길면 봄도 오래 머물 것이다

2

봄봄

안 올 것 같더니
살금살금 기어든다
담벼락 너머에서 마구 터지는
저 산발한 빛의 폭죽들
머잖아 온 땅 들쑤실 것이다
지난겨울
어쩔 수 없이 긁었던 카드빚도
환하게 부풀어 오른다

그늘 베고 앉아 셀카를 찍는다
어두운 것들의 존재 증명 같은
햇살의 아우라 속으로
팔을 뻗은 여인이 오르고 있다

바람도 없는데
하늘 물빛이 출렁거린다

꽃피는 나무

눈발 속에서도 꽃나무는
잠들지 않는다
하늘로 땅으로 배냇짓으로
자꾸만 뻗는다
찢어지는 잎겨드랑이엔 신열이 가득
그 땀방울 도로 먹으며
제 몸 제가 돌본다
보아라, 쉽지 않은
꽃 꽃 꽃 피우려는
오래된 날개들

태초부터 그렇게 꽃나무는 아팠을 것이다
기다리는 꽃
찢어야 날개를 펴는
아프지 않은 꽃은 피지 않는다

행인

산골 사과밭 지나다가
몰래 들어가 사과를 만져보는데
툭, 탱탱볼 하나가 떨어진다
느낌표 같다

햇빛과 달빛을 업고
봉긋이 피워 올린
목숨 건 일생이 손을 놓았다
덜컥, 가슴이 뛴다

도망치다가 돌아보니
거기 그 사과나무
아무 일 없다는 듯 조용하다

백년 회상

일천칠백오십육년
볼프강 아마데우스 모차르트 태어나다
일천팔백오십육년
지그문트 프로이드 태어나다

백 년 단위로 획을 긋는다면
일천구백쉰여섯 해를 안고 태어난
나는 아직 별 일 없어서
아무도 입을 열어 말하지 않는다

머리에 석남꽃 꽂고*
살아나는 인연 있다면
나 죽는 바람에
꽃들 무진장 피어
이름 없는 이들 아차, 하며
살아났으면

생일날, 낙엽 위를 걷는다

집이 없는 것들
하얀 뼈처럼 마른다

*서정주의 「소연가」에서

이별박물관

그리움의 봇물은
예서 터지는가
말 없는 말들
유리상자 속의 편지는
얼룩져 있다

강변길 따라 잠시
비포장도로였던가
먼 그대가 걸어 나온다
굳게 입 다문 그날이
환히 켜진다

그대라는 꽃잎 안에는
자잘한 신음 소리
천둥이 울고 간 흔적이 있다
꿈의 오작교에서 달려온
저녁별도 걸려 있다

잃어버린 아침꽃
저녁에 주우며*
꽃 진 자리에 뺨을 맞춘다

*루쉰의 『아침꽃을 저녁에 줍다』에서

허공의 층층

이사 올 윗집이 공사를 시작했다 아침을 찢는 망치질 굉음 이튿날 따발총 소리 쉬는가 싶더니 오늘은 탱크가 바퀴를 굴린다 으깨고 비튼다 벼락 치는 산꼭대기에 혼자 선 듯 고꾸라지다가 마침내 올라갔다 기둥만 남은 뿌연 허공에서 그물에 걸린 물고기처럼 팔딱거렸다

창 넓은 커피숍 문을 밀치고 구석진 의자에 몸을 던진다 타박상 같은 뭉근 통증이 저만치 머그컵에 가닿는다 왕관을 이고 물결머리 늘어뜨린 초록여인이 슬몃 입꼬리를 올린다 종이컵처럼 나동그라질까봐 나는 묵직하게 곧추앉으며 위아래 없이 모여 사는 풀꽃들 이름을 중얼거려본다 벌판까지는 여러 갈래 길이 있고 바다를 보려면 더 멀리 가야 한다

오후 들어 우중충한 구름장 위에서 하늘은 누군가와 싸우고 있다 퍽퍽 얻어터지는 구름 비늘들 문을 나서자 떨어져 내린다 제법 얼굴을 간질인다 바람이 어

둠을 몰고 달려오자 북적대던 세상이 얌전해진다 한밤 되면 길들의 경계는 흐려질 것이다 누울 자리가 참 많아지겠다

별이 전하는 말

국군의 날에 드러눕게 되어
개천절 지나 한글날까지 왔다
신경망이 찢어져 꼼짝없이
빨대 꽂아 연명하는 신세다

하루하루를 재며 잊힐까
손을 휘적여 라디오를 켠다
한글날 기념식에 울려 퍼지는
동해물과 백두산이 마르고 닳도록,
이 부분에 이르면 뭉클 미안해진다

깊은 곳을 건너기 싫어서
외눈박이처럼 산 것은 부끄러운 일
버둥거리는 대신에
참회하는 자세는 바로 눕는 일이다

천정을 밤하늘 삼으니
아슴푸레한 이름들이 날더러

더디 가라 한다
바다는 잘 있다고
악마의 발톱 같은 날은 길다고

억만 광년 달려온 별이 내게 도착했다

남몰래 고이다

가스레인지 철판을 들어내고야 말았다
주물 대가리가 달린 투박한 관들
언제든지 발화할 수 있는
터질 듯한 기체가 흐르고 있다

겁 없이 찰칵 켜서 음식을 굽고
맛나게 먹고 잘도 살았다
녹슬고 비린 신경망들
솔로 문지르면서
훌훌 털어내면서
아직 쓸 만한지 살핀다

위태한 시간들은 늘 알지 못하게 고여 있었다
시름시름한 질병들
개망초 같은 근심들
한방에 날리려고 생각하지만
다 잡을 수는 없겠다

발 없는 것들이 고인다
별 일 없이 늙어간다

타자들

날이 밝자 취사가 끝났다
식탁에는 김이 나는 밥
식기도 전에
한 사람이 숟가락 내려놓고 물을 마신다
얼굴이 푸석하다
식탁을 훔치자 다른 사람이 나타난다
짧게 끊어지는 몇 마디
그릇 부딪는 소리에 현관문이 열리고 닫힌다
남은 음식들 냉장고에 자리 틀고
세탁기가 돌아간다
청소기가 굉음을 낸다

먼지입자들처럼 떠돌아다니는 기억들
강아지 머리를 쓰다듬거나
(강아지마저 없다면)
화분에 찻물을 들이붓기도 한다

창밖의 차들은 자꾸 달아나고

뒤통수를 쪼아대는 햇살
날개가 퇴화한 펭귄 한 마리
목을 뽑아 뒤뚱거린다

증강현실
—코로나19 뉴스

쪽빛 바다에 수영복들이 파도를 탄다 백사장에 꽂힌 알록달록한 파라솔 아래 선글라스 피서객들 축제 기분 물씬 풍긴다 다른 도시 바다에는 정박 중인 해군함에서 불이 났다고 연기가 뿌옇게 하늘을 뒤덮는다 화면을 당기면 도시의 빌딩 옆 모텔 휘장으로 차가 미끄러지듯 들어간다 더 당기면 길고양이가 걸어간다

채널을 돌리니 육개월 살다가 육십오 년 동안 못 만났다는 남북한 이산가족 할머니가 어떤 할아버지 손을 잡고 살아줘서 고맙다고 말한다 뉴스에서는 죽은 줄 알고 묻어준 강아지가 나흘 만에 집 찾아왔다고 전한다 개가 사람을 물면 그저 그렇고 사람이 개를 물면 뉴스거리가 된다는데 파묻혔다가 살아 돌아온 개는 올림픽 감이다. 아들 등에 업혀 가서 고려장 당한 어머니가 사흘을 기어서 집에 돌아온 후 아들을 선처해 달라고 눈물 흘린다 오갈 데 없는 집은 항상 그 자리에 있다

저녁 마당 쓸고 대빗자루 거꾸로 세워 구석에 둔다

건너다보이는 아파트 불빛들 한밤이면 더 훤해진다 지구 건너 나랏일도 담장 너머 뻗은 가지처럼 출렁거린다

스토커

그의 주파수는 잘 잡히지 않는다
밤새도록 컴퓨터와 씨름할 때
밥 때도 잊고 쏘다닐 때
슬쩍, 그가 인기척을 보인다

그는 가끔 경고음도 울린다
못 들은 척 달아나면
번개 치듯 허리를 낚아챈다
땅이 기우뚱한다

목어처럼 딱딱한 밤
하얗게 눕혀놓고
그는 사라지기도 한다

나이 들수록
탱자나무 울타리 같은
그의 눈치를 본다

루키가 잭에게 손을 내밀었다

그 사건 이후 집 밖으로 나올 수가 없었다 사람들 미소 뒤에 날름거리는 붉은 혀가 보였다 내 머리 밑에는 피딱지가 거울 속에는 눈 꼬리 무른 아낙이 보였다 야성을 잃고 먹이만 받아먹다가 비대해진 도도새처럼 뒤뚱거리며 목욕탕을 찾았다 고통의 족쇄 풀린 몸이 스르르 탕 속에 잠기는 순간 누가 어깨를 툭 쳤다 문디 가시나, 익살스런 얼굴이 눈을 흘겼다 얼빠진 듯 감전된 듯 몇 십 년 세월 뒤편에서 폭죽이 터졌다 그때 아무것도 모른 채 무지개를 타고 오르던 루키가 잭에게 손을 내밀었다 꽉 쪼이는 육십 년이 뒤집어져도 추락해도 어제는 우리 푸르디푸른 날개, 문디 가시나였다

저 건너

—랩에 맞춰

남들은 말해요 자연 속에 집 짓고 살고 싶다고
살고 싶어요 나도 너도밤나무 아래 집 짓고 싶어요
하지만 알아요 희망사항이란 걸
도시에서 태어나 아파트에서 살아온 걸
마음이 아프면 머리까지 아파요
침대에 드러누워 티비나 봐요; 몸짱 몸짱
시시각각 뉴스 흘러넘치는 보이스; 어제 그제 거기
쉴 곳 없는 사람들 어깨를 흔들어요; 오늘 지금 여기
걸어요 걸어봐요 바다가 보이는 길
만나요 만나봐요 일엽편주 떠가는 길
은하수 무리 짓는 아름다운 그곳; 보이나요 저 건너
오로라 흩어지는 별들의 축제; 보이나요 저 멀리
걷고 걸어 돌고 돌면 만나는 올레길; 둘레길 꼬부랑길 외씨버선길
푸른 지구 꽃등 켜는 저녁 무렵 갈래길; 도란도란 순례길

티 없이 아름다운

허리 아픈 사람들 의자에서 일어나라고 두 시간마다 알려주는 의자가 나왔다 세상 참 좋아졌다 그때는 가고 이때, 살기 좋았던 세상은 가고 더 살기 좋은 세상이 왔다 그때 식구보다 말 잘 듣던 복실이 지금은 말도 못 알아듣는데 예전에 없던 택배 아저씨 아침에는 배송 예정 문자 넣어주고 오후에는 배송 완료 사진 찍어 알린다 밤에 클릭하면 새벽 신문 집어들 때 따끈한 반찬도 곁에 와 있다 저 편한 세상은 너무 멀어서 이 편한 세상에서 허리가 주저앉는다 거북이처럼 내민 목을 웅크리고 손목 터널 증후군을 다독인다 뷰티플에서 티를 빼면 티 없이도 아름다운 광경이 된다

3

망각일기·1
—일상

뿌리는 힘이 세다 천 날을 하루 같이 뻗어나간다 비비적대면서 스멀스멀 파고들면 바위도 쪼갤 수 있다 뿌리는 기둥서방 같다 돌이키는 법이 없다 견디다 못해 비수를 품고 다가가 쿠욱 찔러보지만 쓰러지지 않는다 뿌리칠 수 없는 그 뿌리가 나와 한 몸인 걸 알았을 때 뿌리는 단단한 뿔이 되어 자꾸 치받는다 목숨이 세 들어 사는 그늘, 뿌리가 시키는 대로 팔을 벌린다 하루가 순조로워진다

망각일기·2

—아도나이*

당신의 사랑은 병이다
낙심도 포기도 않는
상처투성이 피투성이다

아무리 늘어놓아도
말이 되지 않는

당신이 지고 가는 나의
눈물 한 동이
내 안의 빈 그릇

천만 광년을 달려온 별이
깜빡이는 뜻
흘려듣고 흘려버린다

*나의 주(my Lord)

망각일기·3
—늦가을 계곡

가을은 단풍잎 혈관까지 내비치며 찰랑거리더니 별이 산허리를 넘어가자 금세 토라진다 뼈마디 붉은 울음들 어둠으로 묶어 귀곡산장 담벼락에 주저앉힌다 떨어지는 고요가 빈 단두대 같다 바람도 숨을 참고 있는데 발밑에 깔리는 따뜻한 입맞춤들 아무도 없어서 지구 밖이 환해진다

망각일기·4

—옮겨가다

삼시 세끼 남은 음식
작은 찬통에 비우고
널브러진 살림들 좁혀 세운다

웃자란 다육식물 꺾어
작은 화분에 옮기고
먼지 앉은 책들
눈 질끈 감고 들어낸다

안 보면 잊히는 일
몸 가는 곳에 마음도 따라간다
해 질 무렵 근심도
너를 보낸 기억도

보이지 않는 자리
마음 옮겨간 자리

창밖의 낙엽들 부서져
흙에 잠기고 있다

망각일기·5

— 광고 영상

인생 어록 절반은
광고 영상에 있다
동녘하늘에 보름달 떠오르듯
말보다 오감
광고의 빙산이 떠다닌다

생명 있는 것들 입 다무는데
클릭하면 맺히는 환상의 포도송이
기뻐 뛰는 이웃들
꿈은 난다

따먹기 좋은 세상
길 잃은 북극곰 같은
노년이 더듬거린다

망각 일기·6

—강아지풀

신천 강변 걷다가 물새 본다
저 꼬챙이 다리
물에 담그고 꼼짝 않는다
길게 뻗은 목

가스레인지에 불 켜 놓고
굼뜬 사이 까맣게 탄 냄비
손에 익은 것을 버린 적 있다

물이든 불이든 가까이 가서 본다
떨기나무 불타는 광경을
가까이 가서 본 사람처럼
내 일이 남의 일 같아서
들리는 소리 듣지 못한다

강아지풀이 흔들린다
남의 일이 아니다
뻣뻣한 몸 구푸려
흙의 온기를 맡아본다

망각 일기·7

—출근길

양 어깨에 가방 메고 중심을 잡는다
쌍권총 감춘 서부 사나이 같다
열쇠 꾸러미 한 움큼
촘촘히 살고 싶은 마음
차 안에서도 달린다

뱃속이 푹 꺼진 느낌
마른 눈동자가 따갑다
손에 쥔 것들 자주 떨어뜨려도
두 손 모으면
뾰족이 발돋움하는 희망을 어쩌랴

네거리 신호등 앞
차들이 멈춰 선다
걷는 걸음도 뛰는 걸음도
기다림 앞에 줄을 선다

고삐 풀린 약속들
아침햇살이 훑고 간다

바람의 말

운동장 북편에
키 큰 히말라야시다가 산다
바람 드세게 불면
숱 많은 가지들 요동을 친다

너와 나, 마음의 방에도
바람 드세게 불어
몇 겹 창문이 덜컹거렸다
서로 다른 기억의 열쇠가
문을 열지 못했다
일곱 빛깔 무지개 꿈이 뒤틀렸다

사순절 지난 후
무지개는 멀리서
눈 감으면 더 잘 보인다는 걸 알았다

내게 쓰기

사라진 그가 메일을 보냈다
눈을 크게 뜨고 바삐 읽는다
다른 메일을 뒤적거리는 손이 떨려
한참을 머뭇거린다

내게쓰기 함을 연다
그동안 몹시,라고 쓰다가
지워버린다
옷 솔기를 찢듯 툭, 툭,
뜯어지는 말

다시 메일을 들여다본다
전자레인지 안에서 마구 터진 팝콘처럼
뿌옇게 뜨거운 말
내 심중의 고백이
기린의 목처럼 희게 뻗어 있다

폭우를 모르다

이력서 마감날이다
비어 있는 칸칸
시간을 거꾸로 돌린다
나도 모르는 내가 너무 많아
문을 나선다

밖엔 폭우가 채찍을 들고 섰다
어쩌면 막차일지 모르는 기회를
물꽃들, 마구 튕기고 있다

지난 시절에도 발이 묶였다
먹구름도
번쩍 하는 칼날도 알지 못했다
돌아보지 않았다

떨어지면서 날개를 단 신부처럼
빗줄기 세례를 받는다
화인 맞은 듯 따갑다

아버지의 책상

자리에 눕기까지
늘 앉은뱅이책상 앞에 앉아 계시던
아버지

아무도 선비를 부러워하지 않는 시대에
끝까지 선비의연하신
만년 서기관

인주가 밴 도장주머니 한 움큼
깨알 글씨 촘촘히 박은 근무일지
해진 신발로 남은

떨리는 손으로
허공의 빛을 저울질하던
아버지의

반질반질하게 낡은 책상

곡비 생각

나 그럴 수 있다면 다음 세상에는
곡비로 태어나리
예서 못다 운 속울음
거기서 실컷 울어 제끼리
회한의 봇물 터뜨려 절로 취한
노래는 구성지게 흘러가리
무릎 꿇고 울다가 서서도 울리
뒤돌아보면서 잠자면서 쌓이는 눈물이
죽은 자의 영혼을 깨우는
사자후가 된다면
아, 그렇게 되면
아무도 나를 청하지 않으리

그러니 나, 아니 태어나는 게 좋으리
밤하늘 별똥별처럼 스러져
어둠 속에 잠기고 말리
죽음보다 깊은 잠의 세상
눈물에 부푼 손들 잡아나 보리

먼 데서 나팔 소리 울린다면
못 이기는 척, 눈 한 번 떠 보리

청동말을 닦으며

아들의 빈 방에서
작은 청동말을 본다
목과 발굽, 이음새 부분이 녹슬어
낡은 칫솔로 훔쳐 낸다

아들의 녹슨 꿈에도
지친 발목 핥아 주며
세상 무명용사들 이름을 들려주고 싶다

한달음에 성큼 바다를 건너는 비법은 없어
크고 작은 섬들 걷고 뛰고 헤엄치다 보면
그 바다 끝에는 빛의 오로라
앞서간 영혼들의 군무를 보게 된다고

안장을 갖추고 꺾인 무릎을 세우면
네 눈물 씨앗으로 세상은 푸를 것임을

식탁 위에 청동말을 옮겨둔다
말달리는 초원의 소리 들려온다

국화차

곱고 어린 황국
마른 몸에는
들판을 일렁이는 바람 냄새가 난다

뜨거운 찻물 부으면 비로소
마음을 여는 속삭임
새떼처럼 포르르, 날아들다가 흩어진
작은 꿈들이 보인다
떠나간 그리운 이름들
돌아가고 싶은 미래가 생각난다

망부석같이 하얀
돌 위에 돌을 얹던 간절한 기다림
또 다른 내가 꿇어앉아 있다

오늘은

낡은 피아노를 조율하듯
바닥을 다지는 시간이 길었나
꿈의 밀어들 서랍 안쪽으로 밀려나고
쫓기는 사람처럼 달리던
경주의 끝이 보인다

퇴직 무렵, 물가에 앉아
제 깃털에 부리를 묻고 조용해지는
오리떼 본다
한쪽 발 접어두고 외발로 잠든
주홍빛 물갈퀴가 아리다

낮달도 다 기울어 가는데
오늘은, 오느른이라 중얼거려본다

4

나무 십자가

태초에 욕망이 있었네
욕망은 욕망을 낳고 낳아
증손과 현손들 왁자지껄
지구를 물들이네

빛이 한 줄기
옹이 많은 고목을 비추네
눈 뜨고 살아도 맹인인
욕망의 눈을 씻어주네

패인 둥치 속으로
한 욕망이 걸어 들어가네
일곱 번에 일흔 번이라도
채찍을 맞네

따가운 그 사랑 위에
욕망이 조심스레 눕네
편안한 눈물
텅 빈 물관을 타고 흐르네

구원 서정

그때 그것이 어떻게 왔는가
유성처럼 안개비처럼
내가 아무것도 알지 못하던 때
아무도 나를 찾지 않던 때

그가 어떻게 내게로 왔는가
소리 없이
흔적도 없이
부드럽고 깊은 숨결이

나는 혼자 있는 게 아니었다
출렁이는 환한 물결을 타고
내가 누웠을 때
그가 바다를 젓고 있었다

그것은 내가 모르는 약속
물보라 이는 분수 가까이
어깨를 오그리고 들어서는 아이처럼

먼 옛날을 만날 수 있었다

다시 태어날 수 있었다

허공의 노래

벼랑 끝 마른 나무를 붙잡고
나 여기 숨었습니다
한평생
금광을 찾아 헤맨 날들이었을까요
더는 물러설 수 없어 제겨디딘
땅끝의 노래는

불 꺼진 집들을 지나
너무 멀리 왔습니다
새들은 잠들고
밤이슬 차가운데
돌아서지 못하는 마음
돌비처럼 우뚝합니다

크고 아늑한 손길이
내 심장을 휘감고 떠났습니다
참회를 알게 하신 사랑은
너무 무거워

천 번 무너지는 나의 결심
새 눈물만큼 보잘 것 없습니다

나보다 먼저 나를 찾으시는 이여
그 광활한 바다
꿈속을 더듬어 팔을 뻗지만
영혼은 안개의 장막에 갇히고 맙니다

으르렁거리는 골짜기 아우성들
나 매달려 흐느낍니다

눈 먼 자의 노래

메마른 광야, 떨기나무가 불타고 있어요
불은 붙었는데
타지 않고 있어요
신을 벗으라는 목소리 들려요
숨어산 지 사십 년
이대로 주저앉아 화석이나 되려 했는데
어디를 어떻게 가라고 그러시는지요
가진 것은 지팡이 하나
바람 속으로 뛰어들기에는 늦어버렸어요

눈 감아도 들리지 않고
가슴 쳐도 울리지 않아요
사막을 걷다 지친 낙타처럼 무릎이 꺾여요
발은 푹푹 빠지는데
모래바람은 물결쳐 능선을 옮기는데
옛적 길, 그 좁은 길은 어디서 찾나요
너무 늙은 내게 누가 물을 주나요

동풍이 불어 바닷물 가르면
두루마리처럼 말려 오르는 물의 벽 있어요
그 길 찾아
광야 수풀 걸어야 해요
마른 바위 계곡 넘어야 해요

한나처럼 울며

땅의 일은 달라고 떼쓰는 어린아이 같습니다

오고 오는 날들 우두커니
가고 가는 날들 같아서
내려놓지 못한 등짐 여전합니다
마음 슬픈 자를 찾으시는 이여
기다림에 지친 영혼은
술 취한 듯 오래 중얼거립니다

당신은 저쪽 산에 계십니까
이쪽 산에서 나는 건너갈 수 없는
깊은 골짜기를 봅니다
붉은 모래 산이 흩어져
능선을 바꿀 때는 언제입니까
반석에서 터지는 샘물 찾아
목 축일 그날은 언제입니까

나의 믿음은 머리로만 온 것

자습서에 밑줄을 긋던
온실 속에서였습니다
뜻밖에 불어닥친 폭풍우가
나를 집어삼키고 뱉어냈습니다

진흙탕 속에서 꿈틀거리며
상한 더듬이를 밀어올리는 발돋움질
어디선가 들리는 신음소리
내 영혼의 무게는 얼마입니까

주는 주밖에 다른 이 없으시니
옛적 길, 그 상처의 꽃자리에
땅의 기둥들 세우실 것입니다
창창한 바닷길 여실 것입니다

땅의 일은 여전히 벗지 못하는 신발입니다

빌려온 도끼

숲속 아늑한 곳에 통나무집 짓고 싶었네
우물천정 창으론 달빛 들이고
별빛 몇 점 연못에 띄우고 싶었네

도끼를 빌린 건 행운이었네
그러나 해 질 무렵
아아, 도끼를 물에 빠뜨리고 말았네
발 동동 굴러도
내 힘으로 건질 수 없는
빌려온 도끼

당신의 겉옷으로 강물을 치던
하나님의 사람에게 하소연했네
나뭇가지 베어 물에 던져
도끼를 떠오르게 하신 그가
그 도끼 다시 집어들라 하시네

오래 참고 기다리던 주인은

나무에 달려 높이 들리신 그분
손 내밀어 붙들라 하시네
기억하라 하시네

나의 집은 주인의 터 위에
떠오른 도끼로 지어야겠네
금도끼보다 귀한 선물
연못물도 달게 마실 수 있겠네

요나단 송가

골리앗을 쓰러뜨린 다윗의 물매 돌이
그대 심장 뛰게 했을 때
썸 타는 두 마음이 언약을 맺었다네
그대 겉옷과 군복, 칼과 활과 띠는
목숨도 내맡기는 충성의 예물
낮달처럼 뒤따르는 우정이었다네

다윗의 피신을 돕는 애끓는
눈물은 들판 건너 에셀 바위까지
광야 수풀 건너 황무지 요새까지
메아리쳤다네, 서로 부둥켜안아
떨어질 수 없는 연리지
다윗의 사랑 요나단이여

그대 용맹은 물러서지도 꺾이지도 않아
오오, 길보아 산 그날의 전투는
말달리는 두 용사를 앗아갔다네
핏빛 구름에 뒤덮여 사라진 왕자여

멈출 수 없는 활의 노래여

간다는 말 못다 이른
그대는 초록 반딧불
기름 부음 받은 왕의 길을 예비했다네
샛별이 떠오를 때까지
풀숲을 밝히는 전령이었다네

해바라기

나의 하루는
당신을 기뻐하는 일
초라해도 겁낼 것 없는
아빠를 부르며 달려가는 어린아이

첫 울음 이후 알게 된
슬프고 황홀한 약속 붙들어
열병식에 나섭니다

가랑비 흩으시는 봄날도
폭풍과 해일을 다스리는 손길도
당신의 그늘은 공평합니다

그 눈빛에 알알이 새긴 밀어들
바람 불면 둥두렷이 타오르는
뿌리의 노래
다만 당신으로 충만합니다

궁수에게

흰옷 입은 새카만 몸
살고 싶고 죽고 싶은 욕망의 등짐
못내 지고 왔습니다

고통의 추를 저울질하는 당신
나를 찌르소서

굳어 파팍한
목숨은 소금기둥
살을 날려
가루 되게 하소서

내 안의 나를 파괴하소서
오래 참으신 사랑이여

안 보이는 사랑 나라

사랑은 치욕
뼈를 녹이고 뼈를 세우는

사랑은 원수
살을 찢어 살을 채우는

맨눈으로는 보이지 않아서
눈 감고 더듬어보는
돋을새김 점자의 나라

못 자국
창 자국으로 열리는
태고의 메아리

| 해설 |

돌담을 지나가는 바람의 노래

이향아(시인, 호남대 국문과 명예교수)

1

남금희 시인의 시집 『구름의 박물관』 간행을 축하한다.

남금희 시인은 스스로 궤도를 수정하고 보완하면서 《문학세계》(1996)와 「기독공보」 신춘문예(2000), 《창조문예》(2004)를 거치는 동안 한국 문단 사반세기를 조용하고 중량 있는 자세로 감당해왔다. 이번 발간하는 시집은 『외다리 물새처럼』, 『사흘 길 침묵』, 『맡겨진 선물』에 이어서 내놓는 네 번째 시집이 된다.

문학 일반론에서 문학(시)의 기능을 보통 교훈적인 기능과 쾌락적인 기능으로 분류한다. 전자는 도덕적 윤리적 가르침을 주목적으로 하는 공리적인 관점이며, 후자는 시 작품 그 자체가 목적이 되는 예술적인 시각이다. 따라서 전자는 문학의 교육적 힘에 역점을 둔다면 후자는 미학을 기본으로 하면서 결과적 산물로 얻는 카타르시스를 중시한다. 예술의 감상에서 카타르시스는 공감이며 감동이므로 쾌락적 기능에서도 매우 중요한 요체라고 할 수 있다. 또 전자에서 시가 내포하고 있는 의미가 중심이 된다면 후자에서는 표현을 이루는 어휘의 배열, 상징과 은유와 리듬 등의 기법과 시를 이끌어가는 정서가 중심이 될 것이다.

이들 중 어느 한쪽으로 기울어질 때, 문학은 문학으로서의 온전한 역할을 하기 어려울 것이다. 필자는 남금희 시인의 시를 통독하고 다시 정독하면서 그에게서 몇 가지 중심을 이루는 특성을 보게 되었다. 첫째는 일정한 목적을 전달하려는 시가 아니라는 것이다. 즉 그의 시는 무목적 시의 성격을 가진다. 목적을 가진 시가 강하게 주장할 때 무목적의 시는 진동과 울림으로 변화를 부른다. 문학에서 목적이 강해지면 프로파간다(propaganda)가 되어 웅변으로 변할 수 있다. 둘째는 그의 시에 직감적인 표현이 많다는 것이다. 직감이란 설명이나 증거를 제시하지 않으면서 사물의 진상을 바로 알고 느낀다는 것이니 얽매임이 없는 상태의 자유롭고 간명한 느낌이라는 말이다. 그는 그만큼 어휘의 선택이나 배열에 고심하지도 망설이지도 않는다. 셋째는 대상을 객관적 거리에서 담담하게 바라본다는 것이다. 따라서 시인은 대상과 일정한 거리를 유지하고 있으며 거기 함몰되거나 잠입하지 않는다. 이러한 특성은 남금희 시인의 시 전체에 적용되면서도 작품의 오브제에 따라 경중이 달리 배분되고 있다.

남금희 시인은 시를 쓰겠다는 목표를 가지고 정서를 조율하고 정돈하거나 어사와 운율을 채택하지 않는다. 시인의 내부에 상존하는 시적 요소가 본능에 가까운 분별력으로 대상을 친근하게 이끌어 들이고 용해하는 동안 시가 스스로 형성되고 있는 듯하다. 남금희의 시가 자연스럽고 간결 명료한 것은 아마도 이러한 이유 때문일 것이다.

바다 저편으로 해가 저문다

파도는 망망히 밀려 나가고
포구의 집들 저들끼리
머리 맞대고 어두워진다

건너편 산언덕에
허리를 구부린 누군가
물을 길어 올리고 있다
큰 바위 얼굴 같다

물지게 진 등허리
희고 시린 뼈의 길 보인다

저녁별들 초롱 켜 들고
높이 올라간다
—「땅끝마을에서」 전문

남금희는 시적 대상과 일정한 거리를 유지하면서 객관적 시선으로 조망하기 때문에 거기 잠입하거나 동화되지 않는다. 그가 바라보는 풍경은 개별적인 것으로 서로 연관을 맺고 있지 않다. 시인은 풍경을 친절하게 안내하려고 서두르지 않고, 깊이 검토 분석하지도 않으며 동류의식으로 한편이 되어 변호하지도 않는다. 그는 영화의 한 장면 한 장면처럼 대상을 스캔하듯 스쳐 지나간다. 영화의 장면 중에는 단 일회로 지나가고 더 나타나지 않는 것도 있듯이 시인의 눈에 스친 대상 역시 단 일회로 무심한 듯이 지나가는 것들이 많다. 시인의 렌즈에 스치는 이미지를 저항 없이 그대로 제시하다 보면 그렇게 될 수밖에 없을 것이다.

이러한 점에 주목하여 살펴본다면 남금희의 시가 객관적 사물을 이미지로 제시하는 시라고 해야겠지만, 랜섬이 언급한 물질시의 Dry&Hardness(메마르고 딱딱한 이미지)의 특성을 보인다고 말하기에는 적절하지 않다. 그가 역점을 둔 것은 이미지 그 자체라기보다 객관성인데 객관적 시각에도 아직 남아 있는 고집, 대상에 대한 다소 냉소적인 시각이 그것이다. 굳이 가르자면 물질시와 형이상시의 중간쯤의 위치에 있다고 볼 수 있을까.

「땅끝마을에서」는 시인이 '땅끝마을'이라는 특정한 지역의 그림을 제시하면서 특히 그의 관심이 포착한 부분을 특징화하였다. 바다 저편으로 지는 해, 망망하게 밀려가고 밀려오는 파도, 집과 집들끼리 머리 맞대고 어두워지는 포구, 그 포구의 건너편 산언덕에서 허리를 구부리고 물을 길어 올리는 누군가의 모습.

땅끝이라는 말 자체가 멀고 아득하듯이 남금희 시인이 언급하고 있는 땅끝도 멀고 아득하다. '땅끝'이란 전라남도 해안에 실재하는(해남군 송지면 일대) 지역인, 땅끝이 아닐 것이다. 남금희의 땅끝은 지상의 끝이며, 더는 전진이 불가능한 벼랑으로서의 어느 지점일 것이다. 그런데도 남금희의 땅끝은 일반적으로 인식하게 될 '땅의 끝'으로서 절박하고 격리된 상태의 땅끝이라기보다 정선되고 순화되고 고요한 원시적 자연미의 한 장을 제시하고 있다. 그런데 시인은 그 풍경을 바라보면서 왜 나다니엘 호돈의 소설, 「큰 바위 얼굴」을 생각하는 것일까. 연결을 유연하게 하는 삽입구가 없는 상태에서 "큰 바위 얼굴"이라는 말은 돌연하다.

허리 구부리고 물을 길어 올리는 누군가 모를 그 사람이 "물지게 진 등허리/희고 시린 뼈의 길"을 보여주고 있는데 "누군가 모를 그 사람"이라는 대목에서 우리가 유추할 수 있는 것은 무엇일까? 그는 성자일 수도 있고 선지자일 수도 있다. 그렇지 않으면 범상하지 않은 철인일 수도 있다. 이 시에서 나다니엘 호돈의 「큰 바위 얼굴」이 나타난 것은 우리가 바라고 원하던 위대한 존재가 출현하기를 기다리는 마음의 표현일 것이다. "희고 시린 뼈의 길"은 진리의 길 아니겠는가?

"땅끝"은 한 지역의 끝이 아니며, 한 나라의 끝도 아니다. 시인은 살아가면서 세상의 종말을 생각한 것이다. 이에 대하여 시인은 "저녁별들 초롱 켜 들고/높이 올라간다"라는 마지막 시행을 제시하고 있다. 저녁별들이 초롱불 켜 들고 올라가는 뒤를 따라 올라가야 할 일만 남아 있는 것일까? 시인은 그밖에 아무 말도 소리쳐 주장하지 않았다.

강둑길 철조망을 비집고
줄장미가 피었다
핏덩이처럼 엉겨 주먹을 내밀고 있다

유리천장 같은

닿을 수 없는 거리였을까
그때 너를 놓친 적이 있다

철조망 울타리를 사이에 두고
강물이 흐르듯
너는 시간 저편으로 사라졌지만

오월이 오면
뭉텅이로 피어 바람을 타고 오르는 몸부림
너의 울음에 걸리던 낮달처럼
그때 네게 닿았어야 했다
찔려야 했다
—「줄장미 추신」 전문

줄장미란 덩굴장미의 속칭이다. 덩굴을 뻗어서 벽을 타고 올라가는 속성이 있기 때문에 '줄장미'라는 이름을 붙였을 것이다. 덩굴로 뻗어서 올라가는 것만 다를 뿐 줄장미에게도 가시가 달려 있다. 줄장미는 "강둑길 철조망을 비집고" 피어 있으며 꽃송이가 "핏덩이처럼 엉겨 주먹을 내밀고 있다".

같은 장미꽃이라고는 해도 화려한 빛이나 느낌으로 다가오지 않고 고통을 동반하고 떠오르는 것은 "철조망", "비집고", "닿을 수 없는 거리" 등의 장애를 뜻하는 말들과, "놓친 적이 있다", "찔려야 했다", "너의 울음에 걸리던 낮달처럼" 등의 인내를 요구하는 어사들이 연쇄하여 조성해 낸 집합적 어휘가 주는 느낌 때문일 것이다. 더구나 줄장미의 꽃송이가 "핏덩이처럼 엉겨 주먹을 내밀고 있"어서 좀처럼 꽃답게 피어날 것 같지 않은 분위기를 조성한다.

「줄장미 추신」은 줄장미의 아름다움이나 생명력을 칭송하는 시가 아니다. 줄장미를 피워내는 계절의 화려함을 읊은 것도 아니다. 시인은 줄장미가 피어나는 계절이면 잊히지 않고 찾아오는 후회를 전하려고 하는 것이다. '추신'이라는 말이 첨부어처럼 붙어 있는 것도 그 때문일 것이다.

예전에도 지금도 화자와 줄장미는 일정한 간격을 두고 있다. "유리천장 같은/닿을 수 없는 거리였을까/그때 너를 놓친 적이 있다"고 한 것은 어느 때인가 분명하지 않은 과거의 회상이다. 아마도 둘 사이의 간격을 더 멀게 한 것은 철조망이고 줄장미 자체의 가시 때문이었을 것이다. 찔림을 아파하고 두려워했기 때문에 만날 수 없게 되었고 놓친 사이가 된 줄장미와 시인의 거리. 해마다 그때가 되면 바람을 타고 꽃은 무더기로 피어오르지만 "철조망 울타리를 사이에 두고/강물이 흐르듯/너는 시간 저편으로 사라졌"기 때문에 서로는 이미 닿을 수 없는 거리로 나뉘어 있다. 지나간 그때 네게 아픔을 견디고 닿았어야 했는데도 그렇게 하지 못한 것을 통절하게 뉘우친다.

삶의 길에서 거대해 보이는 장애물 때문에 지레 포기한 적이 얼마나 많았는가. 그것이 설령 견디기 힘든 통증이라도 아무런 시도도 하지 않았던 것을 어리석은 일이었다고, 시인은 뒤늦게 뉘우치고 있다. 망설이고 두려워하는 사이에 5월은 지나가고 때를 놓치게 된다는 것을 그때는 몰랐던 것이다. 철조망을 사이에 두고 넘을 수 없었던 기억, "시간 저편으로 사라"져 간 너에 대한 기억, 때가 오면 줄장미도 뭉텅이로 몸부림을 치면서 올라가지만, 감히 바람을 거슬러서 닿았어야 할 거리에 닿지 못했던 일, 찔리는 아픔을 감수하지 못하여 포기했던 일들을 시인은 지금 아쉬워하고 있다.

우리가 살아가는 날들은 철조망 울타리에 피어 있는 줄장미에 손을 뻗어 보는 일인지도 모른다. 몸부림을 쳐서라도 뭉텅이로 피어 있는 줄장미 그에게 바통을 쥔 손을 내밀 듯 안간힘을 써서라도 닿았어야 하는 경주인지도 모른다. 그러나 아픔을 지레 두려워하여 피했었다. 찔려야 닿을 수 있지만 찔리지 않으려고 돌아왔던 것이다.

2

현생을 지나 다시 내생을 꿈꾸는 사람들은 현생의 미흡함을 채우고 맺힌 소원을 성취하고 싶어 한다. 그것이 이루어지지 않는 희망에 불과할지라도 현생과 똑같은 내생을 원하는 사람은 없을 것이다. 더구나 울면서 지내는 내생을 원하는 사람이 있을까?

남금희 시인은 내세에 울어서 먹고 사는 곡비로 살아가고 싶다면서 「곡비 생각」이라는 시를 썼다. 필자의 견해지만, 「곡비 생각」이야말로 남금희의 시 가운데 매우 결곡한 정서를 표현하고 있는 대표작 중의 하나라는 데에 당혹감을 느낀다.

나 그럴 수 있다면 다음 세상에는
곡비로 태어나리
예서 못다 운 속울음
거기서 실컷 울어 재끼리
회한의 봇물 터뜨려 절로 취한
노래는 구성지게 흘러가리
무릎 꿇고 울다가 서서도 울리
뒤돌아보면서 잠자면서 쌓이는 눈물이
죽은 자의 영혼을 깨우는
사자후가 된다면
아, 그렇게 되면

아무도 나를 청하지 않으리

그러니 나, 아니 태어나는 게 좋으리
밤하늘 별똥별처럼 스러져
어둠 속에 잠기고 말리
죽음보다 깊은 잠의 세상
눈물에 부푼 손들 잡아나 보리
먼 데서 나팔 소리 울린다면
못 이기는 척, 눈 한 번 떠보리
—「곡비 생각」 전문

시인은 내생에 살아갈 하루하루가 울면서 지내는 나날이 되기를 바란다. 그리하여, "나 그럴 수 있다면 다음 세상에는/곡비로 태어나리/예서 못다 운 속울음/거기서 실컷 울어 재끼리"라고 첫 행부터 무겁고 강한 목소리로 토로하기 시작한다. "예서"란 물론 자신이 거주하고 있는 지상의 장소, "거기"는 사람이 죽어 나가는 초상집이다.

시인은 눈물을 단순한 슬픔의 배설물로 생각하지 않는 것일까? "울어 재끼리"에서의 어미 "재끼리"의 특별한 운율이라든지, 곡성을 음악으로 이해하는 듯 "노래는 구성지게 흘러가리"라는 말에서 독특한 뉘앙스의 묘미를 보여주고 있다.

시인은 울고 싶은 일이 많지만 아무 곳에서나 마음껏 눈물을 쏟아낼 수 없으므로, "그럴 수 있다면 다음 세상에 곡비로 태어나"기를 소원하고 있을 것이다. 초상집에 불려가 대신 울어서 생계를 유지하는 곡비가 된다면 아무런 의심도 받지 않고 울어야 할 타당한 이유로 자유롭게 울 수 있을 것이라고 시인은 생각했을 것이다. 그런데 시인은 왜 슬픈 것일까? 시인에게는 얼마나 많은 슬픔이 쌓였기에 이생에서 마음껏 울지 못한 것을 후생까지 불러서 의탁하려고 하는가?

슬픔은 인간의 감정 중에서 가장 순수하고 아름다운 감정이라는 말도 있다. 아일랜드가 낳은 작가 오스카 와일드의 명언 중에도 비애를 예술과 연관시킨 말이 있다. "비애란 인간이 품을 수 있는 감정 가운데 최고의 것이며, 온갖 예술의 시금석임을 나는 깨달았다. 비애야말로 인생과 예술 궁극의 전형이다."라고 한 것이 그것이다.

그러나 시 「곡비 생각」에서의 남금희의 슬픔이나 눈물은 보통의 슬픔과 다르다. 가능하다면 다음 세상에서는 곡비로 태어나고 싶다고 지금 세상에서 못다 풀어낸 슬픔을 후생의 초상집에서 실컷 울어 재끼겠다고 하는 「곡비 생각」의 슬픔은 순수하고 아름다운 감정으로서의 슬픔이라고 말하기 어렵다. 그러므로 "감정 가운데 최고의 것"도 아니고 "온갖 예술의 시금석"으로서의 슬픔도 아니다. 그것은 남금희의 흉중에 멈추어 있는 한(恨)에 가깝다.

"회한의 봇물 터뜨려 절로 취한/노래는 구성지게 흘러가리/무릎 꿇고 울다가 서서도 울리"라고 하는 남금희의 울음은 지속성을 가진 한인 것이다. 시인은 다시 울다 울다 풀지 못한 슬픔이 "죽은 자의 영혼을 깨우는/사자후가 된다면" 곡비라는 직업도 제대로 수행하지 못할 것이니 세상에서 할 일이 없어질 것을 염려하기도 한다. 그러면서 곡비로 태어나지 못할 바에야 "나, 아니 태어나는 게 좋으리/밤하늘 별똥별처럼 스러져/어둠 속에 잠기고 말리"라고 결론을 내리는 것이다.

다시 태어날 것 없이 "죽음보다 깊은 잠의 세상에서" 시인 자신처럼 슬퍼서 눈물에 부풀어 있는 손들이나 잡아보며 서로 위로하다가, 어느 먼 곳에서 이름을 부르듯이 "나팔 소리 울린다면 못 이기는 척 눈 한 번 떠보리"라고 세상의 미련에서 벗어나려고 한다.

「곡비 생각」뿐만 아니라 남금희의 시는 대체로 무겁다. 무겁다는 말은 우울하다는 말과 구별된다. 쉽게 해결되지 않는 문제가 잠복해 있을 때의 무게와도 다르다. 희망이 보이지 않거나 빛이 없다는 말과도 다르다.

길은 사방으로 뻗어 있지만 '바로 이것이다'라고 할 만큼 믿음직스럽지 않은 길, 해결의 기미가 보이지 않는 막연한 상태에서 사물을 만났을 때 이런 노래를 건넬 수 있을지 모르겠다.

「곡비 생각」에는 새로운 탈출구를 발견한 놀라움이나 반가움이 없지만 화자는 그것을 답답해하지 않는다. 답답해하지 않고 어둠 속에서 사유(思惟)를 계속한다. 어둠에 대항하여 물리치려고 하거나 힘을 기울여 극복하려고 하는 대신 있는 그대로의 어둠을 바라보고 그대로 인정하는 것이다. 그는 장애물에서 한발 물러서거나 돌아서서 포기하지 않는다. 그는 사물과 1:1의 위치를 고수하고 있다.

남금희는 절망 가운데서도 그 절망을 극복하려는 방편을 생각하는 대신 있는 그대로의 절망을 껴안는 시인이다. 그는 자기암시를 만들려고 무리하게 애쓰지도 않는다. 희망을 위해 염원을 읊조리거나 임시방편의 피난처를 찾지 않는 시인이다. 그는 있는 그대로를 인정하고 보이는 그대로를 느낀다.

이력서 마감날이다
비어 있는 칸칸
시간을 거꾸로 돌린다

나도 모르는 내가 너무 많아
문을 나선다

밖엔 폭우가 채찍을 들고 섰다
어쩌면 막차일지 모르는 기회를
물꽃들, 마구 튕기고 있다

지난 시절에도 발이 묶였다
먹구름도
번쩍 하는 칼날도 알지 못했다
돌아보지 않았다

떨어지면서 날개를 단 신부처럼
빗줄기 세례를 받는다
화인 맞은 듯 따갑다
—「폭우를 모르다」 전문

이력서를 완성하여 제출해야 하는 날, 더구나 마감 시간이 얼마 남지 않은 날, 미처 채우지 못한 사항이 많아서 빈칸으로 남겨 둔 채 문을 나선다. 세상을 살다 보면 우리 앞에는 수없이 많은 마감 시간이 우리의 발걸음을 옥죈다. '이제는 끝! 다음에 만나자' 아무렇지 않게 제 갈 길을 재촉하고 있는 시간 앞에서, 어쩌면 평생의 마지막이 될지도 모르는 기회가 조바심나게

하지만 그 "막차일지 모르는 기회"까지도 빼앗으려는 듯이 빗줄기가 세차게 내리고 있다. 폭우 속을 헤치고 다급하게 문을 나서는 시인의 모습은 그리 초조하거나 불안하지 않다.

시인은 생각해 본다. 마감 시간과 채우지 못한 빈칸과 발길을 묶어 훼방하는 빗줄기 등 자기편이 되어 호의적으로 전개되지 않았던 시간들을 돌아다 보면, 지나간 시간에도 마치 훼방하는 듯한 상황들이 여러 번이었던 것 같기도 하다. 그러나 그러면 그런대로 화자는 자신을 날지 못하게 막고 묶고 훼방하는 것들을 정면으로 바라보면서 빗줄기를 받는다.

"지난 시절에도 발이 묶였다/먹구름도/번쩍 하는 칼날도 알지 못했다/날지 못했다"고 잠시 생각하지만 결국은 선의로 해석한다. 화자는 강하게 단련되고 있는 것일까. "떨어지면서 날개를 단 신부처럼/빗줄기 세례를 받는다"라는 말은 시사하는 바가 크다. 떨어지는 일은 단순히 추락이 아니라는 말이다. 그 떨어짐으로 날개를 달게 되는 것, "추락=날개를 다는 일"이라는 등식이 성립되며 비를 맞는 것은 세례를 받는 행위로서 일종의 성결해지는 행사라는 것이다. 화인 맞은 듯 따가운 것쯤이야 성결해진 사람으로서 마땅히 감수할 수 있는 일이 아니겠는가.

거절과 외면과 단절의 시간에 찾아낸 의외의 소득, 채우지 못한 빈칸을 들고 우중에 나섰을 때, 준비해 두었던 것처럼 날개를 달게 되고 세례를 받고, 강화되었다는 것이다. 일마다 느낌마다 불행감을 자초하는 사람들도 많지만 남금희는 어느 경우에나 화해와 소통과 평화를 찾아낸다.

3

옛날 화학 시간에 르샤틀리에의 원리를 배웠었다. 선생님은 학생들의 이해를 돕기 위해서 압력에 따른 평형 이동을 설명하였는데 스케이팅의 미끄러짐을 예로 들었었다. 스케이트용 신발이 얼음을 밟아서 압력을 가할 때 얼음은 압력의 크기를 작게 하는 방향으로 반응하면서 힘을 이동한다는 것이다. 즉 스케이트라는 외부의 압력을 받은 빙판은 그 외부의 힘을 약화시키기 위해 평형을 이동하고 새로운 상태를 만드는 동안 스케이트가 얼음판에서 미끄러질 수 있다는 것이었다.

남금희 시인이 2020년 세계를 뒤흔드는 역병 속의 부자유를 극복하고 어떤 제재와 만류와 저항과도 무관하게 도도한 목소리로 자신의 노래를 부르고 시집까지 묶어내게 된 것은 역병의 계절이 준 선물이라고 할 수도 있지 않을까. 역병이 기승을 부리는 시기에 국내에

많은 창작집이 연이어 발간되는 것은 르샤틀리에의 원리가 아닐까? 하는 생각이 불현듯 불을 켠다. 남금희 시인의 시들이 저변에 우렁찬 음성을 깔고 유려하게 흐르는 것을 보면서 문득 '르샤틀리에'의 이름이 붙은 반동의 원리가 떠올랐다.

바닷가 느린 우체통 앞에 서 있습니다

일 년 후 배달된다는 안내문
그 약속 변하지 말라고
몸으로 해풍을 막아섭니다

주소지 없는 편지를 천천히 접습니다

파도가 부려놓은 물거품들
모래톱 쓸며 흩어지는데

저녁 무렵
눈 먼 별 하나 떠오릅니다
—「편지」 전문

시인은 아무런 구속도 없이 완전 자유 속에 서 있다. "바닷가 느린 우체통 앞에"서 얻은 자유는 시간과 공간을 아우르면서 시인의 마음에 무한의 평화를 준다. 그는 주소지가 없는 편지를 천천히 접어서 우체통에 넣고 배달을 기대할 마음 같은 것은 해풍에 날려버렸다. 화자는 편지가 누구에겐가 도착할 수 있는 날짜를 셈하지 않아도 될 것이며, 더구나 답장 같은 것은 기다리지 않아도 될 것이다. 그는 다만 편지를 썼다는 것으로 충분히 만족할 수 있으며 행복을 느낄 수 있다. 그는 이미 편지의 답장을 읽은 듯이 만족스러운 상태다.

세상에서 실행되는 일들에는 저마다 크고 작은 목적이 있다. 목적이란 얼마나 피곤하고 고달픈 의지의 집합점인가. 시인은 목적이 인생의 승부를 가늠하는 이기적인 도달점이며, 비순수의 초조한 노역이라는 것을 알고 있다. 그리고 달성이라는 것이 얼마나 무의미한 허세인가도 알고 있다. 주소가 없어서 도달할 수 없는 편지도 편지임에는 틀림없다. 화자는 편지를 썼고 편지를 부쳤으며 이미 답장을 받은 것이나 같다.

밀려왔다가 밀려가는 "파도가 부려놓은 물거품들/모래톱 쓸며 흩어지는데" 시인은 "눈 먼 별 하나 떠오르는" 저녁 무렵에 서 있다. 왜 눈 먼 별인가? 초롱초롱 빛나는 별도 반짝이는 별도 아닌 눈 먼 별. 시인이 바라보아도 맞대응하지 않는 별, 시인과 대화를 나누려고 하지 않는 눈 먼 별. 별은 별대로 시인은 시인대로

따로따로 있게 하는 눈 먼 별의 존재가 주소지 없는 편지를 대신한다. 거래를 거부하여도 실재보다 더 강조하여도 원래부터 약속은 약속한 그대로 지키게 되어 있음을 알고 있는 별이다. 한 폭의 수채화를 보는 듯 조용하고 평화로운 시이다.

안 올 것 같더니
살금살금 기어든다
담벼락 너머에서 마구 터지는
저 산발한 빛의 폭죽들
머잖아 온 땅 들쑤실 것이다
지난겨울
어쩔 수 없이 긁었던 카드빚도
환하게 부풀어 오른다

그늘 베고 앉아 셀카를 찍는다
어두운 것들의 존재 증명 같은
햇살의 아우라 속으로
팔을 뻗은 여인이 오르고 있다

바람도 없는데
하늘 물빛이 출렁거린다
—「봄봄」 전문

쉽게 오지 않을 것 같던 봄이, “살금살금 기어” 들었다. 제목을 「봄봄」이라고 했지만 봄을 맞아들이는 시인이 마음은 전혀 들뜨지 않는다. 김유정이 단편소설 『봄봄』에서 보여주었던 희화적인 요소도, 봄이라는 계절이 전해주는 희망도 기대도 없다. 자연은 시인에게 이렇다 할 감흥을 주지 않으며, 시인이 봄에 의탁하여 느낄 만한 긍정적인 요소는 없어 보인다. 시인은 꽃이 피어나는 봄날에 무관심할 뿐만 아니라, 오히려 봄의 수선스러운 내왕을 냉소적으로 바라본다.

제풀로 “살금살금 기어든” 봄은 해마다 그랬듯이 “담벼락 너머에서 마구 터”질 것이며, “산발한 빛의 폭죽”이 되어 “머잖아 온 땅 들쑤실 것”이라고 예견한다. 그리고 화자에게는 무엇보다도 “지난겨울/어쩔 수 없이 긁었던 카드빚”이 걱정이다. 산발한 빛의 폭죽들 못지않게 카드빚은 “환하게 부풀어 오”를 것이 뻔하므로, 그가 바라보는 봄은 번잡스럽고 심란하기만 하다. 시인은 기대와 꿈으로 가슴 부풀어 오르는 봄날과는 아무 상관없이, 계절의 화려함과도 아무 상관없이 “그늘을 베고 앉아 셀카를 찍는다”. 홀로 누른 셔터에 찍혀 나온 사진은 “어두운 것들의 존재 증명 같은/햇살의 아우라 속으로” 한 여인이 떠오르게 하고 있다. 고적함과 쓸쓸함과 견딜 수 없는 소외감, 그것은 시인 자신이 불

러온 것이 아니다. 봄이 빛의 폭죽들을 산발하면서 온 땅을 들쑤시고 나타났기 때문에 시인으로 하여금 역으로 돌아설 수밖에 없도록 한 것이다. 돌아서서 자신을 들여다보며 세상에 홀로 남은 외톨이처럼 셀카라도 찍어서 초라한 자화상을 들여다보게 한 것이다.

시인과 아무런 관련이 없는 봄날의 자연은 "바람도 없는데/하늘 물빛이 출렁거"리면서 공연히 시인 앞에서 포즈를 잡고 관심을 끌려고 한다. 어쩌면 자연이나 시인은 비슷한 처지인지도 모른다. 봄도 그냥 제가 알아서 출렁거리고 홀로 흥겨워하는 것이며 시인도 홀로 봄과 동떨어진 거리에서 셀카를 찍으면서 출렁거리는 것일 게다.

봄에만 그런 것은 아니다. 시인에게는 가을도 역시 엉큼하게 온다. "은행잎들 수상쩍게 만들고/하늘 궁창 파랗게 쳐올리더니/돌아서는 뒤태가 쌀쌀맞"은 가을이다. 그리하여 시인은 "이놈의 가을/기 펴지 못하게 잡아야겠다/흐릿한 이내를 피우는/저 낭창한 함성 물리쳐야겠다/내가 멍들기 전에"(〈예감〉)라고 미리 대비태세를 갖춘다. 시인은 자신의 충일한 정서를 최대한으로 억눌러서 무질서하게 횡행하기 전에 선수를 치는 것이다. 남금희 시인은 자신이 얼마나 무방비상태로 감격이 넘치는지를 잘 알고 있기 때문에 "내가 멍들기 전에" 선수를 쳐서 방어망을 치는 것이다.

이쯤에서 돌아서자
너무 다그치지 말고
너무 많이 이해하지도 말고

울멍줄멍한 제주 돌담에 기대
너를 생각하는 시간
밭담과 산담 갯담들이 굽이져
숭숭, 바람의 길을 열고 있다

달빛은 돌이끼에 스며들고
삐죽이 고개 내민 잡초들
파도가 뱉어낸 물거품 탓일 게다

너와 나, 위태한 경계에도
바람의 갈기 잠재우는
설핏한 돌담 한 길 놓아두고 싶다
—「바람의 길-제주 통신」 전문

제목은 「바람의 길」인데 부제로 '제주 통신'이라는 말을 덧붙인 시다. 부제가 붙지 않았다면 이해를 돕기 위해서 시의 어느 부분에서건 별도의 해설이 필요했을 것이다.

시인 남금희는 언제부터 이런 생각을 하기로 했는가? 그는 마치 거대한 한고비를 정복한 후 달통이라도 한 사람처럼 말한다. "이쯤에서 돌아서자"고, "너무 다 그치지"도 말고 "너무 많이 이해하지도 말"자고. 그는 "울멍줄멍한 제주 돌담에 기대"어 "너를 생각"한다.

시인은 돌로 쌓아 올린 제주의 밭담, 산담, 갯담에서 소유를 주장하지 않을 것이며, 돌로 쌓아 단절되었다고 답답해하지도 않을 것이다. 바람은 돌을 뚫고 지나가기로 되어 있으며 바람이 지나가듯이 세상살이의 이치도 숨통을 터놓고 대응해야 한다는 것을 알고 있기 때문이다. 그는 사실을 캐내어 정확히 알아내도 되지만 모르면 모르는 대로 넘어가도 아무 탈이 없다고 생각한다.

그는 맞닥뜨린 일로부터 두어 발 뒤로 물러가 있기로 하였다. 너무 현장의 상황에 집착하거나 당면한 문제에 몰두하여 파헤치지 않기로 한 것이다. 제주 땅 여기저기에는 돌담이 있다. 밭의 경계에 쌓으면 밭담이고 죽은 자의 무덤가에 쌓으면 산담이다. 그리고 밀물에 몰려든 바닷고기를 잡으려고 바닷가에 쌓아놓은 담은 갯담이다. 어떤 담이나 숭숭 뚫린 돌을 통과하여 바람은 자유롭게 내왕한다. 담은 형식이며, 바람은 그 형식을 넘어서 자유롭게 드나드는 세상이다. 경계를 막아서 구분하지만 구분을 담당한 돌이 뚫려 있으니 내용상으로는 막히지 않고 터져 있는 것인데 새삼스럽게 무엇을 고집할 수 있겠는가.

그리하여 더는 접근하지 않기로 하였다. 제주의 돌담에 기대어 돌구멍으로 자유롭게 내왕하는 바람에 의지하여 생각하는 여유를 찾기로 한 것이다. 시인은 체념한 사람 같기도 하고 짐짓 초월한 사람 같기도 하다. 우리 사이 너와 나를 구분 짓는 아슬아슬한 경계에도 바람의 갈기가 마음대로 소통하는 길이 있다는 것, 담이란 갑과 을, 병과 정을 구분하는 경계가 아니며, 오히려 공유와 소통과 나눔의 지도를 확실하게 보여주는 표지라는 것을 설파하고 있는 것이다.

이러한 시인의 세계관은 여러 다른 시에서도 나타나고 있다. 「남몰래 고이다」에서는 낡은 가스레인지의 철판을 들어내고, 솔로 문지르면서 “위태한 시간들은 늘 알지 못하게 고여 있었다/시름시름한 질병들/개망초 같은 근심들/한 방에 날리려고 생각하지만/다 잡을 수는 없겠다”고 체념한다. 그리고 “별 일 없이 늙어”가는 삶을 내보이기도 한다.

그럼에도 불구하고 남금희의 시는 영양가보다는 맛을 취하는 시들이다. 그 맛을 음미하는 동안 응분의 영양분은 보너스처럼 따라올 것이다. 그의 시는 우선

난삽하지 않다. 그의 언어법에 얹혀서 즐기는 동안 독자는 은연중에 시인의 깊은 사유와 철학이 자신의 내부로 흘러들어왔다는 것을 알게 될 것이다. 표현이 복잡하거나 까다롭지 않다는 것은 남금희의 시가 가지고 있는 또 하나의 미덕이라고 하겠다.

남금희 시인의 새 시집 『구름의 박물관』의 간행과 함께 그 앞에 펼쳐질 양양한 전도를 진심으로 축하한다.

만인시인선 78
구름의 박물관

초판 인쇄 2020년 12월 10일
초판 발행 2020년 12월 15일

지은이 / 남 금 희
펴낸이 / 박 진 환

펴낸 곳 / 만인사
출판등록 / 1996년 4월 20일 제03-01-306호
주소 / 41960 대구광역시 중구 명륜로 116
전화 / (053)422-0550
팩스 / (053)426-9543
전자우편 / maninsa@hanmail.net
홈페이지 / www.maninsa.co.kr

ISBN 978-89-6349-154-7 03810

값 10,000원

* 이 책은 Colorful DAEGU 대구문화재단의 2020년 지역문화예술지원사업—개인예술가창작지원 문학—의 지원을 받아 간행되었습니다.

* 이 도서의 국립중앙도서관 출판예정도서목록(CIP)은 서지정보유통지원시스템 홈페이지(http://seoji.nl.go.kr)와 국가자료종합목록 구축시스템(http://kolis-net.nl.go.kr)에서 이용하실 수 있습니다(CIP제어번호 : CIP2020052553).

만/인/시/인/선

1. **이하석** 시집 | 高靈을 그리다
2. **박주일** 시집 | 물빛, 그 영원
3. **이동순** 시집 | 기차는 달린다
4. **박진형** 시집 | 풀밭의 담론
5. **이정환** 시집 | 원에 관하여
6. **김선굉** 시집 | 철학하는 엘리베이터
7. **박기섭** 시집 | 하늘에 밑줄이나 긋고
8. **오늘의 시 동인** | 「오늘의 시」 자선집
9. **권국명** 시집 | 으능나무 금빛 몸
10. **문무학** 시집 | 풀을 읽다
11. **황명자** 시집 | 귀단지
12. **조두섭** 시집 | 망치로 고요를 펴다
13. **윤희수** 시집 | 풍경의 틈
14. **장하빈** 시집 | 비, 혹은 얼룩말
15. **이종문** 시집 | 봄날도 환한 봄날
16. **박상옥** 시집 | 허전한 인사
17. **박진형** 시집 | 너를 숨쉰다
18. **정유정** 시집 | 보석을 사면 캄캄해진다
19. **송진환** 시집 | 조롱당하다
20. **권국명** 시집 | 초록 교신
21. **김기연** 시집 | 소리에 젖다
22. **송광순** 시집 | 나는 목수다
23. **김세진** 시집 | 점자블록
24. **박상봉** 시집 | 카페 물땡땡
25. **조행자** 시집 | 지금은 3시
26. **박기섭** 시집 | 엮음 愁心歌
27. **제이슨** 시집 | 테이블 전쟁
28. **김현옥** 시집 | 언더그라운드
29. **노태맹** 시집 | 푸른 염소를 부르다

30. **이하석 외** | 오리 시집
31. **이정환** 시집 | 분홍 물갈퀴
32. **김선굉** 시집 | 나는 오리 할아버지
33. **이경임** 시집 | 프리지아 칸타타
34. **권세홍** 시집 | 능소화 붉은 집
35. **이숙경** 시집 | 파두
36. **이익주** 시집 | 달빛 환상
37. **김현옥** 시집 | 니르바나 카페
38. **도광의** 시집 | 하양의 강물
39. **박진형** 시집 | 풀등
40. **박정남 외** | 대구여성시 20인선집